般若心経への旅

―計算し尽くされた数の論理―

峠 二宝
Toge Jiho

文芸社

目　次

般若心経への旅（1）
峠越え

　阪神高速道路を降りて国道309号線を南へ車を走らせた。大阪府と奈良県を遮る金剛山系に葛城山がある。水越峠を貫通する水越トンネルを抜けると、眼前がパッと開け、朝靄の残る奈良の盆地が飛び込んで来た。空にはうっすらと雲があるが、一雨きそうな予感を思わせる空模様ではなかった。

　あをによし
　　奈良の都は
　　　咲く花の
　　にほうがごとく
　　　いまさかりなり

万葉人が小高い丘の上から眺めた奈良の都は、整然と区画された素晴らしい都であり、さぞかし美しい眺めであったであろう、と一瞬脳裏をかすめた。

　車は国道309号線をさらに南へ走らせ、吉野川に架かる千石橋を渡った。ここから南へ60～70分ほど車を走らせたところが、今回の目的地とする天川村である。

　奈良盆地と黒滝を遮る高い山の麓に差しかかったところ、雨がパラパラと落ちてきた。山を登るにつれて雨足は強くなり峠では大雨であった。昨年の秋、峠から50メートルほど、脇道に逸れたところにある農園で、買い求めた富有柿のおいしかったことなど、思い出す余裕もなかった。峠を過ぎて、杉木立に入るころにはドシャ降りであった。この杉木立の道は晴れた日でも薄暗く、左に谷底を見ながら狭い道を走るのであるが、走る度に心に寒気を感じる長い下り坂であった。この日はドシャ降り、車のライトを点けてもなお暗く、10メートル先も見えないほどであった。一つハンドルを切り損ねると、谷底に転落しそうな恐怖を覚えた。これが国道309号線の醍醐味であると言えばそれまでのことではあるが……。

般若心経への旅（2）
コンニャクの味

　ドシャ降りの中、狭く長い下り坂に車を走らせ、必死の思いで麓にたどり着いてしばらく車を走らせると、雨は小降りになってきた。黒滝の道の駅に到着するころには雨は上がっていた。黒滝の道の駅に着いたのは朝の8時を少し回っていた。この道の駅は黒滝と天川への道の分岐点にあり、橋を渡る中州にある。朝5時半に起きて6時には車を走らせたので、道の駅に着いて駐車場に車を止めた時には、抑えきれない空腹を覚えた。

　この道の駅は店の開店の少し前に屋台が先に開店する。その屋台のおでんが御馳走である。特にコンニャクの味は最高である。日ごろアフターファイブに居酒屋に立ち寄って、おでんを肴に酒を

飲んで帰宅する機会は多いが、ここのコンニャク
は居酒屋の味を遥かに超えている。普通コンニャ
クは味のないものという認識を持っていたが、こ
こでは違う。大きさも普通よりは大きいが、口の
中に入れた時の味が違う。

　空腹のせいか、外で食べるせいか、朝のすがす
がしい空気の中で食べるせいか、あるいは味付け
の唐辛子のせいかは分からないが、とにかく美味
い。山あいで作るコンニャク芋が、この味を作り
出しているのではないかと、食べる度に思うので
ある。単なる味付けのせいでこの味を出している
ようには思えない。ここのコンニャクの味は絶賛
に値する。

　道の駅で空腹を満たして又車を走らせた。ここ
からさらに笠木峠越えをするのである。昨年この
道を通った時はトンネルの工事中であった。工事
現場の少し手前で迂回路を設けてあった。乗用車
１台がやっと通れるような狭い道を、クネクネと
車を走らせて、峠越えをするのである。少し前に
工事は完了し、新笠木トンネルが完成していた。
そのトンネルを抜けたところが天川村である。

般若心経への旅（3）
国道 309 号線

　国道 309 号線は、国道 25 号線を基点（大阪市
平野区、日本橋を基点とする道程票によれば逆か
もしれないが）にして、金剛山系を越え、大峯山
系の山々を超え、奈良盆地を始め点在する集落を
横切り、大峯山のあの行者環峠を貫通する行者環
トンネルを抜けて、国道 42 号線（三重県熊野市）
に至る。大阪府から奈良県を通過し、三重県へと
横断する険しい山岳道である。

　天川村に入ると間もなく、川合の辻に突き当た
る。この三叉路を右にとると、天川村の中心街で
ある。反対側は国道 309 号線へと続く。

　道を左へとり車を少し走らせたところで、国道
309 号線を左へ逸れると、大峯山の登山口のある

洞川温泉への道である。大峯山への登山は殆どの人がこの道を通る。かつて大峯山に登った時にも通った道である。

　国道309号線をさらに進み、長さ10mほどの隧道を通過したところで、川に沿って国道309号線を逸れると、みたらい渓谷である。渓谷と言えばどこに行ってもそうであるが、四季折々の風情があり色がある。みたらい渓谷も全くそのとおりである。春は山桜、新緑のすがすがしさ、川の流れの水量の多さ、夏は渓谷の全てが生命にあふれた姿を眼に焼き付けさせる。川を見ると川遊びをしている子供連れの家族の姿が見える。水は少々少なくなっているが、川遊びをするには十分な水量を保っている。道路から10メートルほど下の川底には、川魚が泳いでいるのも見える。秋は川べりの木々が色づくとともに、急な山肌の紅葉も又眼を楽しませてくれる。冬には道路の凍結で、人を寄せ付けない厳しさを思い知らされる。

　国道309号線は、ここからさらに険しい山岳道へと続くのである。

般若心経への旅（4）
天川村

　天川村は人口 1,154 人、面積 176㎢であり、奈
良県の南部の山間部に位置する。おおよそ東経
135 度 50 分、北緯 34 度 15 分の位置にあり、日
本地図のへその位置にあるという表現をする人も
いる。山上ヶ岳、大普賢岳、行者環岳、弥山、八
経ヶ岳などの雄峰に囲まれたⅤ字谷にある村であ
る。弥山川、天ノ川、十津川、熊野川へと続く川
の源流で、弥山川が川合の辻付近で大きく左折す
る辺りの中洲が天川村の中心街である。比較する
のはどうかとは思うが、ちなみに大阪市の人口は
275 万人、面積は 202㎢である。天川村は、面積
が大きい割には人口の少ない村である。

　天川村には、大峯山、みたらい渓谷、天河大弁

財天社、洞川温泉、天の川温泉などがあり、観光地として魅力のある村である。残念ながら交通の便が悪く、ここを訪れるには自動車が唯一の交通手段であり、不便なところである。歴史的に見れば、7世紀後半の壬申の乱で活躍した大海人王子、後の天武天皇や南北朝時代の後醍醐天皇が関係する村であり、興味を惹くところがある。又、平成2年には皇太子殿下の行啓が行われた、という記事も天川村の広報誌にある。

般若心経への旅（5）
天川弁才天

　正式名称は、「天河大弁財天社」である。天川村自体が雄峰に囲まれた村であるが、天川弁財天は西に弥山川があり、南へと流れている。後ろはＶ字型の高い山々に囲まれており、まさしく「気」の集まる状況が整っている。この地に神社が偶然にできたものではなく、先人がたどり着いた知恵の集積の結果ではないかと思わせるところがある。天河大弁財天社が今回の旅の目的地である。

　五十代半ばになると、仕事の面においても先が確定的に見えてくる。数年後には定年退職という事実も目前にある。さらに、老後の第２の人生に備えての心積もりも考えていかねばならない。このような現実に直面した時、年齢相応の対応もさ

ることながら、精神的に大きく動揺するものである。社会人になってからこの年齢まで、本人としては仕事に、生活に、遊びにと懸命に努力してきたと自負している。しかしながら、ふと立ち止まって考えてみると、何かやり残したことがあるのでは、これから二十数年もあれば、何かやれることがあるのでは、という焦燥感に駆られてくる。しみじみと考えてみると、心に空白を感じ、魂の空虚さを感じてくるのである。このような時である。本を買い求め、図書館で資料を集め、友人らの助けを借りながら考えを整理していく間に、七福神の一つの弁財天にたどり着いた。弁財天と言えば、芸術の神、芸能の神であると一般的に言われている。しかし、様々な資料を見ていくうちに、知恵の神であるということを知ることとなったのである。知恵の神となると、凡人にも縁の近いものであると思えてきた。

　資料を調べていくうちに、日本の三大弁財天が分かってきた。どこが三大弁財天であるかについては別として、天川弁財天が眼に留まったのである。後で良く考えてみると、近くに弁財天がいろいろあることを知った。天川弁財天は自宅から非常に遠く、自動車で走っても往復270kmあり、不便な場所にある。しかしながら、それ以外の弁財天は眼に留まらず、天河大弁財天社が魅力的に感

じたのである。

　天河大弁財天社は、正面の鳥居の近くには駐車場は少なく、境内の北側に大きな駐車場がある。車を降り社務所の受付の横を通り抜けて境内に入る。境内には玉砂利が敷いてあり、歩く度にジャリジャリと音がするのである。ここの境内には特徴的なものがある。境内のほぼ中央に直径２ｍほどの石で囲んだ囲炉裏みたいなところがある。禰宜さんに話を聞いてみると、納められた写経を定期的に焼く行事があるということを知らされた。良く聞いてみると、神仏習合の一つの形態であると聞かされたのである。

　天河大弁財天社は、朝７時から自由に出入りできるようになっている。午前９時前になると境内の玉砂利が綺麗に整えられて、９時には受付が開始される。受付を９時になってから通ると、綺麗に整えられた玉砂利をジャリジャリと音をさせながら境内に入ることができる。これが何とも言えない、厳粛な気持ちにさせられるのである。鳥居から入って来たところに手水舎があり、手と口等を清め神殿に登る。神殿は階段を30段ほど上がったところにある。階段を上り神殿の中に入ると、又玉砂利を敷いた境内があり、厳かな気持ちにさせられる。神殿内の境内の南側に能舞台があり、北側の階段をさらに10段ほど上ったところに御

神体がある。神に奉納するための能舞台が南側にあって、正面に神を祀っている。正面ではあるが遥かに頭の上である。

　天河大弁財天社の由緒は古く、非常に興味を惹くものがある。7世紀後半の壬申の乱で活躍した大海人王子、後の天武天皇が関係していたこと。南北朝時代の後醍醐天皇がこの神社で開かれた能を鑑賞していたこと。大峯山に参詣する修験者等が登山の前に祈願していること。数多くの芸術家、芸能者が参拝していること。平成2年には皇太子殿下の行啓が行われたこと等が挙げられる。

般若心経への旅（6）
千条の糸

　天川村に入ると、先ほどのドシャ降りが嘘であったかのように空は晴れ渡り、夏の太陽が降りそそいでいた。天川弁財天に着いたのは朝の９時前、受付が始まるには少し時間があった。受付を通り、あの整えられた玉砂利のジャリジャリという音を聞いて、厳かな気持ちを味わいたいと思い、時間つぶしのため神社の駐車場には行かずに、天川温泉の駐車場に向かって車を走らせた。天川温泉は天川村の中心街を見渡せる高台にあり、例の故郷創生資金による事業と思われるふしがあり、まだ新しく、駐車場も広々と取っていた。ここからの眺めは素晴らしいものがある。Ｖ字型の高い山々と、村の中心街を一望に見渡せる場所にそれはあ

る。

　天川温泉の駐車場に車を停め、車から降りて村を一望した時である。先ほど通って来たトンネルの方向の、高い山の山際から少し下りた辺りに、高さ 30 メートル幅 150m はあろうかと思われる広い範囲に、あたかも糸を真っ直ぐに垂らしたように見える千本、万本とも思われる水蒸気の筋が見えたのである。太陽光により、水蒸気がゆらゆらと昇るのは見ることがあるが、このようにゆらゆらと揺れることもなく、真っ直ぐに天に昇る水蒸気を見たのは初めてである。V字型の地形のせいか、ドシャ降りの後に出た夏の太陽のせいか、無風状態のなせる業か、あるいは「気」の集まる場所によるものなのかは分からないが、何とも不思議な光景にみとれて我を忘れていた。社務所の受付でこのことを会話にしてみた。

　先ほど何とも不思議なものを見ました。
　何を見たのですか。
　ええ、高い山の中腹辺りで水蒸気が真っ直ぐに天に昇るのを見たのです。
　ああ、あれですか良く見ますよ。

　という会話である。この村の人達にとっては、日常生活の中のひとコマに過ぎないのかと、さら

に驚かされたのである。その原因を問い返すタイミングを失い、神秘性に包まれた感情をさらに増幅させた。

　残念ながらこの後、何回となく天川村に通うことになるのであるが、二度とこの現象を眼にすることはなかった。

般若心経への旅（7）
修験者

　受付の後、境内の玉砂利のジャリジャリという音を聞きながら神殿へと向かった。神殿に着いてしばらくすると宮司が現れ、どうぞと祈願の席へ案内された。知恵の神ということではあるが、今さら学業成就でもあるまい。普通の「家内安全」の祈願をお願いした。祈願の儀式を終えて、神殿の境内に降り立った時である。7～8人の男女のグループが神殿に上って来た。この内3人は社会科の教科書でみたあの修験者の装束である。2人は女性、他は普通の服装をしていた。一見して大峯山へ登るための安全祈願であろうと思われるいでたちであった。宮司はすぐさま彼らを祈願の席へ案内し、儀式を始めた。玉串奉天を終え、祈願

のための祝詞をあげた後、宮司は般若心経を読
誦し始めたのである。宮司の読誦に合わせ、グル
ープの全員が読誦を始めたのである。しかも特に
冊子等の資料を見ることもなしである。

　これが、境内でその成り行きをつぶさに見てい
た私に、大きなインパクトを与えたのである。ま
さか神社で般若心経を聞こうとは思いもよらない
ことであった。宮司の読誦に合わせ、グループの
全員が大きな声を出して読誦しているのである。
これに太鼓の大きな音を伴奏させている。Ｖ字谷
の村全域に響き渡っているのでは、と思われるよ
うな雰囲気にさせられたのである。

　この様子を見聞きしていて、違和感を覚えたの
ではなく、むしろ自らもその中に陶酔しているか
のような錯覚を覚えたのである。たまたまその場
所に居合わせたという偶然が、その後の私に大き
な影響を及ぼし、『般若心経』が重要な興味の対
象となっていった。

般若心経への旅（8）

般若心経

　Ｖ字谷の村全体に響き渡る般若心経の読誦と、伴奏する太鼓の音が織り成す、何とも言えない厳かな気持ちにさせられる。その胸の高鳴りを忘れることができずに、あの修験者の行動を、偶然に見聞きしてから２ヶ月後、胸の高鳴りをもう一度感じ取りたいと思い、車を天川村へ向けて走らせた。

　車を走らせながら、今日は修験者と行き合わせることはないだろう。とすれば宮司に事情を話してみては、いや、今さらこのようなことを臆面もなく聞けるものでもあるまい。いろいろと自問自答しながら車を走らせているうちに、天川弁才天に着いた。社務所の受付で、祈願のための申込書

を受け取った時である。そうだ、この申込書に書いてみれば良いのではと思いあたった。そして私は願いごととして、

　　摩訶般若派羅蜜多心経

と書いたのである。受付で何か言われたらそれまでのことと思い、申込書を出してみた。受付では特に何も問われることもなく通過した。うん、これで良いのかもしれないと考えながら、神殿へと階段を登った。宮司から何か言われるのではと気を揉みながら、宮司から言われるままに従った。宮司も特に問うこともなしに、あの修験者の時と同じように儀式は進められ、宮司による般若心経の読誦と太鼓の伴奏を聞くことができたのである。これは何とも言えない感激であった。
　これに味をしめて、何回か天川弁才天へと車を走らせることとなった。次第に余裕を持ってきた時、宮司の祝詞の中味が聞き取れたのである。

　悟りを開かんとする〇〇市在住の〇〇の願いをかなえたまえ

と確かに聞き取れたのである。
　え！　私が悟りを開こうとしている。私自身が

びっくりした。私はただ、あの胸の高鳴りを味わいたいがために、遠くまで車を走らせて来たのである。このことそのものが、悟りを開くことに繋がるのか。あるいは般若心経が悟りへの道を開いているのか、疑問は膨らんでいった。この時も又、宮司にその疑問を投げかけるという機転を思いつかなかった。般若心経にその疑問を解き明かす何かがあるのでは、こう考えると、よし般若心経をもっと良く知ってみようという気持ちになり、般若心経への取り組みが始まったのである。

　それからが大変である。そのためには暗記することが第一と考え、とにかく暗記することに専念することとなった。50代半ばになると、暗記することが大変である。まして暗記する文字数は多く、書かれている文の内容は分からない。どうすれば暗記できるのか。考えあぐねて般若心経を細かく分解することにした。いろいろと資料などを読んではみたが、書かれている内容はまちまちであった。そこで考えたのは、熟語として平均して分解されたものはそれに従い、まちまちに分解されているものは、自分の感覚に合ったところで区切った。又、呼吸のタイミングが問題であった。宮司の読誦するのを聞いていて、一番聞きやすいところで区切ることにした。さらに、調べて行くうちにいくつかの文章に分解できることに思いあ

たった。これを呼吸のタイミングにしようと考えるようになった。後に、このことが般若心経の解釈をする上で、大きな土台となるのである。いろいろな資料を調べながら、般若心経に関する知識を増やして行くのである。不思議なことに、最初に分解した熟語と文章の区切りは、変わることはなかった。むしろその区切りが般若心経を解釈する上で、最も基本的な要素となったのである。

般若心経への旅（9）
読誦

　般若心経は悟りを開く方法として、唯一、般若心経という経文の読誦を説いている。そこで、読誦はどのようにして行うのかが問題になってくる。

　故説般若波羅蜜多呪　即説呪曰　羯諦
　羯諦　波羅羯諦　波羅僧羯諦　菩提薩婆訶
　般若心経
　《解説》摩訶般若波羅蜜多心経という経文を読誦することによって、直ちに羯諦（彼岸、楽園）に到達することができる。そうですね僧（僧侶）の方々、そして菩提薩婆訶（皆さん）。
　　最後の般若心経は、「摩訶般若波羅蜜多心

経」という経文の結語であると考えるのが理
解しやすい。そしてこれは通称、「般若心経」
と理解されている。

　読誦には２つの方法があると考えている。そし
て読誦する時の音律が脳を刺激する必要がある。

　音読〜声を出して読む。
　黙読〜声を出さずに読む。眼で追うだけではそ
　　　　の効果はない。

　天川弁才天社で聞いたあの音読は、最も有効な
方法であると考えている。しかし、再々行くこと
はできない。手短にやるとしても今の世の中、そ
う簡単に許してはくれない。飼い犬が吼えただけ
で苦情を言われるのが普通である。
　そこで黙読が有効な方法になってくる。ただ眼
で追うだけであればその効果はない。なぜなら黙
読とは言いながら、音声として口の外に出さない
だけで、口の中ではしっかりと音にして、自分の
脳に刺激を与える必要がある。つまり音律による
脳への刺激が必要なのである。
　黙読をするについて意外なことに気付いたので
あるが、音律は息を吐く時に出すことができるも
のであると考えていたが、息を吸う時にも音律は

出すことができる。ただし、音として口の外に出ることはない。この方法によれば、『般若心経』の読誦をするについて、呼吸のタイミングを考える必要がなくなった。

　私の場合、黙読に加えて瞑想を行う方法を取るようになった。何を瞑想の中味とするのかが問題であるが、釈迦が説いた八正道を取り入れたのである。

　八正道は次のようなものである。
　　正見〜正しく見ること
　　正思〜正しく考えること
　　正語〜正しく話すこと
　　正業〜正しく行動すること
　　正命〜正しく生活をすること
　　正進〜正しく道に精進すること
　　正念〜正しく念じること
　　正定〜正しく反省すること

　八正道により行動を律することは難しいが、過去を反省することは、比較的に違和感はない。反省すべき問題があれば、素直に反省すべきである。自分の過去について八正道の尺度に従って反省してみる。この尺度に反するものがあれば、素直に反省することが大切である。そして次のように唱

えることにしている。

　どうぞ、私の心を安らかにさせてください。

　このことにより、意外と心理的に落ち着いてくるのである。これは意外な発見であった。
　初めのうちは、般若心経の黙読、八正道による瞑想を行っていたが、その後、般若心経の黙読のみを、人様の迷惑にならない方法で行うようになった。

般若心経への旅（10）
数の論理

　般若心経は、悟りへ導くための手法と、人間の
尊厳について説いているのかもしれない。それを
理解するには、自由、平等、博愛の精神が必要で
あるような気がする。そしてその実践は、決して
他力本願によるものではなく、自らの力によって
切り開くという自力本願によって実現可能なもの
と説いているように思う。

　般若心経を読んでいるうちに考えたのであるが、
般若心経には「数の論理」がふんだんに活用され
ているように思われる。そもそもこの疑問を考え
るようになったのは、次の２つの数を見出してか
らである。

「空」という字が７あること
　　「無」という字が21あること

　これが次第に疑問を大きくしていった。調べて
いくうちにいろいろな説明が加えられていること
も分かってきた。さらに「７」には他にもあった。

　　「般若」という語句が７あること
　　７種類の菩薩（悟りを開くために努力するも
　　の）を登場させていること
　　７通りの文章により構成されていること

　このように考えていくうちに、数の論理はまだ
まだあることに気付いた。それを見出した順に並
べてみる。

　　「７」、「21」、「２」、「４」、「266」、「１」、
　　「摩訶不思議」

　これらの数は大きな意味合いを持たせられてい
る。その一つ一つについて説明を加えてみたいと
思う。今回は、この内の「２」についてであるが、
大きな疑問を投げかけた一つの視点について述べ
てみたいと思う。

なぜ、実在の人物「舎利子」が 2回登場しているのか

　7種類の菩薩を登場させていると書いたが、実在の人物は「舎利子」のみである。他は空想の菩薩あるいは抽象的な菩薩である。

　ここでなぜ「舎利子」でなければならないのかという点であるが、釈迦が舎利子を伴い辻説法を行っている状況を想定してみると、その真意が導き出せるような気がする。説法の論点を「悟りを開く」という点に留意し、釈迦がこれを内容として説法している状況はどうであろう。聴衆がにわかにその内容を理解できるとは思えない。そこで舎利子の登場が重要な意味を持ってくる。舎利子の追認あるいは同意は、釈迦の説法をより信頼性の高いものに導いたのではと思われる。

　舎利子は釈迦より年長者であり、釈迦より早く死去したと伝えられている。舎利子が釈迦の弟子になった時には、釈迦には及ばなかったとしても、既に釈迦に近い悟りの境地に達しており、舎利子一人による説法は、当時として多大の信頼を得ていたのではないだろうか。釈迦が説法の終わりごろに、そばにいる舎利子に向かって「そうですね、舎利子」と問いかけた時に、舎利子は「おっしゃるとおりでございます」と答えたとすると、釈迦

の説法をより信頼性の高いものに導いたのではないだろうか。

　実際の説法の内容として、悟りを開くということは、ひとり釈迦のみが成しうる特別な能力ではなく、舎利子も悟りの境地に至っている。このように、人それぞれに程度の差はあるが、「今ここで話を聞いているあなた方も悟りを開くことができるのですよ」と説いたとすれば、般若心経の登場人物は舎利子が最もふさわしい人物のように思われる。

　観自在菩薩　行深般若波羅蜜多時
　照見五蘊皆空　度一切苦亦　舎利子
　　《解説》観自在菩薩（かんじざいぼさつ）が深く悟りを開いた時、
　　５つの煩悩がなくなって、明るく輝いてくる。
　　そして又一切の苦悩をコントロールできるように
　　なる。そうですね舎利子。
　色不異空　空不異色　色即是空　空即是色
　受想行識　亦復如是　舎利子
　　《解説》輪廻転生は自ら考えたところに従ってなされ、又繰り返されるのです。そうですね舎利子。
　　「色」は現世で、「空」は来世であると解釈すれば良く理解できる。

文章表現の技術として、2回述べることが有効な手法に思われる。その内容は同一の言葉であったり、同義語であったり、あるいは反義語であったりするのが有効な手法のように思う。般若心経では7とおりの文章全てに、舎利子を登場させても良いように思う。しかし、何回もしつこく登場させるとその効果は減少する。つまり、2回登場させることにより、内容をより強調したものと思われる。

　同義語を並列に並べ、あるいは反義語を対比させることにより、文意をより強調する手法は、私が調べた範囲でも、般若心経の中に数の論理を含め、実に28回も活用されている。これは驚くべき手法ではないかと考えている。

　般若心経という経典は、数の論理をふんだんに活用しているということに驚かされる。確かに中国人は、数の論理を多用することに長けているように思う。漢詩しかり、麻雀の点数しかり（麻雀の計算基礎は「2」のn乗倍であり、満貫・役満などの制約がなければ膨大な数になる。資料1、参照38ページ）、数の桁しかり、数の桁については驚かされるものがある。特に摩訶不思議という桁の概念があることは、想像の域を遥かに超えている。天文学の世界では〇光年という概念が一般的であるが、その概念をも超えているように思

われる。

　一般的に我々の生活では〇万円が通常であるが、国家予算でも〇兆円である。思い浮かぶものとしても京が最大である。これは金銭の世界であるが、数学の世界ではだいぶ違った数になる。日本人は、数の論理の思考方法が少し落ちるのでは？　と悲観しなくても良いように思う。このシリーズの冒頭、般若心経への旅（1）において、万葉集の一葉を引用している。ひらがなの字数ではあるが、短歌・俳句として見事な文化を開花させている。

〈資料１〉

麻雀の点数表（親）

区分		30	40	50
親	$3\times2^1=6$	180	240	300
	$3\times2^2=12$	360	480	600
	$3\times2^3=24$	720	960	1200
	$3\times2^4=48$	**1440**	**1920**	**2400**
	$3\times2^5=96$	**2880**	**3840**	**4800**
	$3\times2^6=192$	**5760**	**7680**	**9600**
	$3\times2^7=384$	11520	15360	19200
	$3\times2^8=768$	23040	30720	**38400**
	$3\times2^9=1536$	46080	61440	76800
	↓	↓	↓	↓

麻雀の点数表（子）

区分		30	40	50
子	$2\times2^1=4$	120	160	200
	$2\times2^2=8$	240	320	400
	$2\times2^3=16$	480	640	800
	$2\times2^4=32$	**960**	**1280**	**1600**
	$2\times2^5=64$	**1920**	**2560**	**3200**
	$2\times2^6=128$	**3840**	**5120**	**6400**
	$2\times2^7=256$	7680	10240	12800
	$2\times2^8=512$	15360	20480	**25600**
	$2\times2^9=1024$	30720	40960	51200
	↓	↓	↓	↓

般若心経への旅（11）
数の論理〜「2」〜こころ

　般若心経を暗記するに当たって苦労したことは、語句の分解と文章の構成についてであった。当然のことながら、般若心経の意味は分からないままの暗記であるため、宮司が読誦する時の音律を拠りどころとして、語句として分解していったのである。文章の構成についてはいろいろな資料を読んで、般若心経に関する知識を増やすことによって、分解していった。つまり、般若心経に関する多少の意味合いを理解するようになってから、文章の構成について考えるようになった。

　般若心経に「こころ」の問題を取り上げているのに気付いたのは、ほんのちょっとしたきっかけからである。文章の構成を考えるに当たって、迷

いに迷った語句がある。

　遠里一切顛倒夢想　究竟涅槃

　という語句の取り扱いであった。一つの文章と
して取り扱うのか、前の文章の末尾に位置づける
のか、あるいは、後の文章の先頭に位置づけるの
かが問題であった。その意味も分からない時の問
題であったために、迷いに迷ったのである。結局
は、宮司の『般若心経』を読誦する時の音律によ
り、私自身が美しいと思うところで決定したので
ある。結果として前の文章の末尾に位置づけたの
である。
　これが意外なことに、『般若心経』の意味を紐
解くにつれて、正しい判断であったと確信したの
である。この確信を導いたのが、「2」という数
の論理である。

　菩提薩埵　依般若波羅蜜多故　心無罣礙
　無罣礙故　無有恐怖
　《解説》菩提薩埵は悟りを開くことによって、
　心に引掛かりがなく、引掛かりがないが故に
　恐れがない。
　遠里一切顛倒夢想　究竟涅槃
　《解説》遠く離れたものを含め、全てを包み

込むように思い浮かべることにより、最高の穏やかさを得ることができる。

　これは私達が意外と経験している状況ではないかと考えている。六甲山の頂上から神戸港とその手前に広がる神戸市街を見た夜景は、100万ドル（Million Dollars）の夜景と絶賛されている。展望台からの眺めは素晴らしく、展望台に何人の人が並んで見ていようとも、あたかも一人でその場にいるような錯覚を覚え、自らの視界に全てを包み込んでいるような気分になるのは、私一人だけの経験であろうか。

　「俯瞰する」という言葉であるが、まさしくこの状況を指しているように思う。「鳥瞰」という言葉もあるが、鳥は獲物を捕獲するために、ただ獲物のみを捕らえ突進する態勢にある。人間のする「俯瞰」は見るもの全てを一つのものとして脳裏に焼き付け、それを理解する能力を持っているように思われる。そしてこれは人間に与えられた、特別な能力ではないかと考えている。

　というに2つの心理状態の表現である。ここで問題になるのは、心理的要因にかかる悟りについて、2つの異なる要素により説明していることで

ある。このことが原因となって、般若心経には数の論理が、多く活用されているのではないかと確信したのである。そして又この確信が本書「般若心経への旅」を書いてみよう，という誘因になったのである。

般若心経への旅（12）
数の論理～「２」～苦悶

　般若心経は人間の苦痛・苦悩を６つの項目に分類している。それは「眼」、「耳」、「鼻」、「舌」、「身」、「意」を誘因とする６つの苦痛・苦悩である。「六根」と表現することもある。般若心経ではこれらの苦痛・苦悩に対する悟りを、２種類の菩薩に分割し表現している。

　観自在菩薩　行深般若波羅蜜多時
　照見五蘊皆空　度一切苦亦　舎利子
　　《解説》観自在菩薩が深く悟りを開いた時、
　　５つの煩悩がなくなって、明るく輝いてくる。
　　そして又、これに関連する一切の苦悩をコントロールできるようになる。そうですね舎利

子。

菩提薩埵　依般若波羅蜜多故　心無罣礙
無罣礙故　無有恐怖
遠里一切顛倒夢想　究竟涅槃
　《解説》菩提薩埵は、悟りを開くことによっ
て心に引掛かりがなくなり、引掛かりがない
が故に恐れがなくなる。
　菩提薩埵は、遠く離れたものを含め全てを
包み込むように思い浮かべることにより、最
高の穏やかさを得ることができる。

　観自在菩薩は５つの煩悩について悟りを説いて
いる。五蘊つまり「眼」、「耳」、「鼻」、「舌」、「身」
である。これは肉体的誘因による５つの煩悩につ
いてである。観自在菩薩が悟りを開いた時は「五
蘊」の苦悶がなくなり、そして又これをコントロ
ールできるようになる。これは身体的誘因にかか
る苦悶に対する悟りである。
　菩提薩埵は、「意」つまり精神的誘因による苦
悶についてであり、悟りを開いた時の状況を述べ
ている。
　ここで３つの大きな疑問が出てくる。第１に、
なぜ身体的苦悶にかかる悟りと、精神的苦悶にか
かる悟りを分離し、２種類の菩薩により述べてい

るのかということである。第2にこの2つの項目
が「同じ分類に属する」と考えることができるに
もかかわらず、通常の文章であれば引き続き述べ
るところを、あえて離して述べていることである。
第3に観自在菩薩は肉体的苦悶に対する悟りが専
門であり、菩提薩埵は精神的苦悶に対する悟りが
専門であるのかということである。この疑問につ
いてその答えを推測してみる。

　第1の疑問については、あえて2種類の菩薩を
登場させることにより、肉体と魂を分離する必要
があったのではないか。

　第2の疑問については、肉体と魂は別のもので
あるということを述べたかったのではないか。肉
体と魂は一体のものであるという考え方が最も理
解しやすいが、別のものであるという考え方もで
きる。輪廻転生があるとすれば、肉体と魂は、別
のものであるというのが最も分かりやすい。肉体
を構成する物質の輪廻転生は、比較的説明しやす
い。私は学者ではないので何とも言えないが、現
在の科学で実証できるかもしれない。土に還すと
いう考え方は理解できる。これに反して魂の輪廻
転生は、般若心経の中でこそ理解できるものであ
る。

　第3の疑問については、観自在菩薩はこれ、菩
提薩埵はこれと限定すべきものではなく、悟りの

態様の例示にすぎないのではないか。このことか
ら推測すると、悟りの態様は菩薩の数、つまり人
間の数ほどあると考えるのが良いように思われる。

般若心経への旅（13）
数の論理〜「２」〜輪廻転生

　般若心経は輪廻転生について述べている部分が
２箇所ある。語句として輪廻転生という文字によ
り表現しているわけではないが、文意として読み
取れる箇所がある。

　色不異空　空不異色　色即是空　空即是色
　受想行識　亦復如是　舎利子
　《解説》輪廻転生は自ら考えたところに従っ
　てなされ、又繰り返されるのです。そうです
　ね舎利子。
　　　色は現世で、空は来世であると解釈すれば
　　良く理解できる。
　是諸法空想　不生不滅

《解説》これは神が考えたことですが、生まれるということもなければ、滅するということもない。

　前者は、色と空を同一語句の中で表現し、反転させるようにして4回表現している。しかも、語句と語句の関係は尻取りをするように配置し、4つの語句が円を描くように配置されている。
　これはまさしく、輪廻転生であると考えている。
　輪廻転生は、受想行識（自ら考えたところに従って行動する）によって行われ、そして、亦復如是（繰り返される）を前提として説くとともに、さらに、舎利子（そうですね、舎利子）という表現をすることにより、人間が当然進むべき行動として説いているものと考えられる。
　輪廻転生により通る世界を「前世」、「現世：現在生活している世界」、「来世」という認識のもとに流れるものであると考えると、その意味合いが理解できる。「来世」が現世を離れた世界であり、「前世」が「現世」への前段階であるという前提であると考えているのであるが、その「前世」と「来世」が同一の領域であると考えれば、「現世」と「現世を離れた世界」との行き来ということになる。そこで「色」は「現世」であり、「空」は「来世」であると考えれば、輪廻転生として良く

理解できるところである。

　後者は、不生不滅は、是諸法空想（神の考え）であると説いている。前者で述べる「空」と後者で述べる「空」は、別の意味合いを持たせていると考えている。輪廻転生とどのように関係しているのか、大いに関心を持つところである。不生不滅（生まれるということもなければ、滅するということもない）の実態を考えると、既に存在しており、かつ、存在し続けるということを指しているのではと考えられる。これはまさしく輪廻転生についての別の表現であると考えれば、般若心経の説くその内容が理解しやすくなる。

　前者は、輪廻転生についての人間の行動を説いているが、後者は輪廻転生というシステムを誰が考えたかという理解であれば、般若心経は身近なものになる。

　輪廻転生するのは何かということになるが、もちろん人間である。しかし、人間がそのまま輪廻転生すると考えるのは少し無理がある。そこで考えられるのが、肉体と魂は別のものであるという前提である。

　魂はその置かれている状況は変化することはあっても、魂の輪廻転生は比較的に理解しやすい。輪廻転生があるかどうかという疑問は別として、意外と受け入れられる考え方である。

肉体はそのままの状態で輪廻転生するものとは考えにくい。肉体はそのままで輪廻転生するのではなく、肉体を構成する物質として輪廻転生するものと考えれば、特に疑問はない。土葬すれば土に還るものと理解できる。火葬すればどうなるのか、これも特に問題はない。火葬によって全て消滅するのかということになるが、そうはならない。水分は蒸発し、炭水化物は酸素と結合して炭酸ガスとなる。残りの物質は何らかの形で土に還ることになる。火葬する時の熱は、エネルギーとして宇宙に放出することになる。エネルギー換算をすれば、土葬であろうが、火葬であろうが変わることはない。肉体はその構成する物質として輪廻転生を繰り返すことになる。

　人間の死去によって、全てなくなると考える必要はないのかもしれない。肉体と魂はその置かれている状況は別々に変化するが、形を変えて存在し続けると考えるのは、無理な発想であろうか。

　これは人間に与えられた特別な権利であり、それを行使するのは必然的な義務であるような気がする。このことが人間の人間たる所以ではないだろうか。このように考えると人間としての尊厳が分かるような気がする。このことによって明日への心の準備ができて、明るさと希望を感じるのである。

般若心経への旅（14）
数の論理〜「２」〜受想行識

　受想行識とは自ら考えたところに従って行動するという意味を持っている。般若心経においては「受想行識」という語句を２回活用している。

　色不異空　空不異色　色即是空　空即是色
　受想行識　亦復如是　舎利子
　　《解説》輪廻転生は自ら考えたところに従ってなされ、又繰り返されるのです。そうですね舎利子。
　　　色は現世で、空は来世であると解釈すれば良く理解できる。
　是故空中無色　無受想行識　〜
　　《解説》天国は現世とは異なるが、自ら考え

たところに従って行動するということはない。

「色不異空〜」では肯定的に表現し、輪廻転生は受想行識によってなされ、しかもそれは繰り返されるものであると説いている。「是故空中無色〜」では否定的に表現し、天国においては無受想行識であると説いている。これは一体なぜであろう。

　天国では受想行識がないことによって、輪廻転生そのものがないということになる。このことによって、輪廻転生が繰り返されると説いていること自体が矛盾し、輪廻転生そのものが中断することになる。

　この矛盾を解決する方法として、悟りを開いた結果による受想行識によって、輪廻転生は行われるものであると考えれば良いのではないか。そこで、悟りを開く方法が問題になってくる。悟りを開く方法は大きく分類して２つの方法が考えられる。

　意識的に悟りを開く
　無意識で悟りを開く（本能として悟りを開くと
　　　　　考えた方が理解しやすい）

　人間に与えられた本能により悟りが開かれるものであるとすれば、無受想行識の天国においても、

悟りの結果において「輪廻転生」がなされても矛盾しない。では、本能によって悟りを開くのは天国においてのみであろうか。私の錯覚であったかもしれないが、本能により悟りを開いているのではないかと思われる現象を眼にしたことがある。

　千里ニュータウンに健康談義をテーマにして運営されている施設があった。この施設は健康に関する講演会、健康管理に関する運動、健康を主眼とする医療、健康食品の販売、健康食の試食会などが行われている施設である。私もその考え方に賛同し、いろいろと参加していた。この施設には喫茶店があり、毎週のごとく足を運び、コーヒーを飲んでいた時のことである。玄関から車椅子を押した親子が入って来た。車椅子の主は一見して重度の障害者と思われる30歳前後の男性であった。押しているのはその母親と思われた。その親子が玄関から入って来た途端、その親子に丸く包まれるような穏やかさを感じ、その周りが光輝いて見えたのである。一瞬何だこれはと驚いた。
　その時はそれだけのことであった。後から考えると母親もそうであったのかもしれないが、車椅子の主が本能により、悟りを開いた結果によるものではないかと考えるようになった。

般若心経への旅（15）
数の論理〜「１」〜悟りを開く

　般若心経においては、悟りを開いたらどうなるのかについて、菩薩の数ほどあると説いているように思われる。しかし、どのようにすれば悟りを開くことができるのかについては、一つの方法のみを説いている。それは「故説般若波羅蜜多呪〜」において、経文を読誦することを説いていることである。ここで言う経文は、摩訶般若波羅蜜多心経である。

　故説般若波羅蜜多呪　即説呪曰　羯諦
　羯諦　波羅羯諦　波羅僧羯諦　菩提薩婆訶
　般若心経
　《解説》摩訶般若波羅蜜多心経という経文を

読誦することによって、直ちに、羯諦（彼岸、
楽園）に到達することができる。そうですね
僧（僧侶）の方々、そして菩提薩婆訶（皆さ
ん）。

　最後の「般若心経」は、「摩訶般若波羅蜜多
心経」という経文の結語であると考えるのが
理解しやすい。そしてこれは通称、「般若心
経」と理解されている。

　ここで、「呪」という字は一般的に、「のろい」
という意味合いを持っているが、ここでは「のろ
い」ではなく、文章の意味合いを強調するためと
ともに、「摩訶般若波羅蜜多心経」という経文の
本文の文字数を、「266」に合わせるために用い
たと考えれば理解しやすい。そしてその発音は
「ジュ」ではなくて「シュ」である。「摩訶般若波
羅蜜多心経」は、これ以外の部分にも活用してい
るが、全く同じ考え方が理解しやすい。

　本文の文字数を「266」にする必要性について
は、「般若心経への旅（25）」において、述べて
みたいと考えている。

　問題は、般若心経を良く理解していることを前
提に読誦するのか、般若心経を読めればそれで十
分であるのかが疑問である。その答えは、良く理
解していることに越したことはないが、特に良く

理解していることを期待しているのではなく、む
しろ般若心経の持つ音律が、悟りを開くための力
になっていると説いているように思われる。これ
は般若心経を読誦する時の音律が、人間の脳を刺
激することによって、悟りの境地に導いていると
考えているところである。極論を言えば、般若心
経を読めることが絶対的な要件ではなく、般若心
経についての発音ができれば、同じ効果が期待で
きるものと考えている。

　このように考えると、あの天川弁財天での修験
者と宮司の読誦する般若心経が、そばに偶然に居
合せた私を、同じようにふんわりと穏やかな気持
ちにさせられたのは、良く理解できるところであ
る。これをもう少し推し進めて考えると、漢字を
読めることが前提条件であると考える必要はなく、
特に漢字を読める中国人、日本人だけが、般若心
経の読誦によって、悟りの境地に到達することが
できると考える必要はないように思われる。経文
はそのような力を合わせもっている、と考えると
ころである。

　視点を変えて言えば、潜在意識としてその内容
が既にインプットされており、般若心経を読誦す
る際の音律により、潜在意識を呼び覚ますものと
考えるところである。

般若心経への旅（16）
数の論理～「４」

　般若心経に「４」が数の論理としてどのように
活用されているのか、非常に大きな関心がある。
具体的に「４」という数を使用していない。しか
し、般若心経の内容として非常に重要な役割を果
たしている。それを列挙してみると次のようなも
のがある。

　①空という字に４つの意味合いを持たせている
　　　五蘊皆空　　　～　　空っぽ
　　　色不異空　　　～　　来世
　　　是諸法空想　　～　　神
　　　是故空中無色～　　天国
　②色と空を交互に４回併記し、尻取りをするよ

うに輪を描いて輪廻転生を表現している

　色不異空　空不異色　色即是空

　空即是色

　　色は現世で、空は来世であると解釈す
　れば良く理解できる。

③神を表現するために4つの説明文を使用して
　いる

　是大神呪　是大明呪　是無上呪

　是無等等

　　《解説》最大の神であり、最高の輝きが
　あり、これ以上はなく、同等でこれに匹
　敵するものはない。

　　別の表現をすれば、唯一無二の神である
　とも考えられる。

④経文の読誦により到達する羯諦（彼岸、楽
　園）を4回表現している

　羯諦　羯諦　波羅羯諦　波羅僧羯諦

　元来「4」という数にはどのような意味が存在
するのであろうか。それについて述べてみたいと
思う。始めに、夫婦2人は社会を構成する原点で
あり、子供2人を加えた4人はその社会を持続さ
せるための重要な要件である。

　次に、人間の作り出す造形物はその殆どが四角
である。建物しかり、家具しかり、乗物しかり、

書籍しかり、考えればいろいろなものがある。東西南北（方角）、これも４つの方角が基本である。人間社会において「４」という数は、切っても切れない関係にある。それほど「４」という数は重要な意味合いを持っている。

ただ、日本人は少し悲しい考え方をしている。「４」を「し」と発音する場合もあることから、「死」に通じると考える人が多い。したがって、「４」は縁起の悪い数であると考えて敬遠するのが一般的である。これは日本語が始まって以来のことなのか、あるいはそれ以外の要素によるものなのか大きな疑問が残るところである。

考えられる要素としては、明治初期の日本の社会情勢が影響しているのではと考えられる。明治初期においては、西欧の列強と対等に伍するために、その文化、科学的な発想を取り入れる必要があった。特に四民平等は避けて通ることのできない問題であったと考えられる。四民とは「士農工商」という徳川幕府が取った身分制度であり、それは寺院が管理する重要な制度であったとされている。それほど徳川幕府においては、仏教思想が色濃く支配していたと考える必要がある。

仏教思想による統一的なコントロールシステムは、参勤交代もそうであるが、大名を頂点とする封建制度において、最もふさわしい制度の一つで

あったのかもしれない。人権と平等を政治の重要な考え方の中枢に置くには、仏教思想の否定から出発する必要があったとも考えられる。又、神仏分離令がその後押しをしたとも考えられる。

さらに、廃仏棄釈運動は必然的に発生したとも考えられる。坊主憎けりゃ袈裟まで憎い。釈迦の教えを徹底的に排除するために、「4」を「し」と発音する場合もあることから、「死」に通じるという考え方が強調されたのではないかとも考えられる。

しかしながら、仏教思想に平等思想がないと考えるのは、仏教の理解に歪曲があると考えるべきである。般若心経は平等思想を説いていることも忘れてはならない。又、般若心経においては肉体の「死」はありえても、魂は輪廻転生を前提として説かれている。

般若心経への旅（17）
数の論理〜「2」〜平等

　般若心経に平等を説いている部分がある。具体的に平等という語句はないが、平等として解釈できる語句がある。

　　是諸法空想　不垢不浄
　　《解説》これは神が考えたことですが、汚い
　　わけではないが、清浄でもない。

　これは神が考えたことですが、と前置きしながら「不垢不浄」について説いている。「不垢不浄」は何を意味しているのか考えてみると、「垢」でもなければ「浄」でもないと読める。「不垢」は汚くないと解釈し、「不浄」は清浄ではないと解

釈できる。結果として「不垢不浄」は汚いわけではないが、清浄でもないと解釈できる。具体的にどのような状態を意味しているのか、非常に大きな疑問が残る。このことについて、釈迦が残した逸話が伝えられている。

　釈迦の弟子に奴隷の出身者がいた。その彼が釈迦に向かって、このように汚い私でも、悟りを開くことができるでしょうかと問いかけた。釈迦は、あの池の中に美しく咲いている蓮の花を見てください。水面より上では蓮の花が綺麗に咲き誇っていますが、その根は水中にあり、汚い泥の中に根を下ろしている。あの綺麗な蓮の花は、綺麗なところと汚いところを併せ持っている。そしてこれは、表裏一体万物に当てはまることなのです。あそこにいる綺麗に着飾った御婦人を見てください。あの御婦人も又、美しいところもあれば美しくないところも併せ持っているのですよ。ですから、貴方も平等に悟りを開くことができますよ、と説いたと伝えられている。

　釈迦は、この逸話でも説いたように、人間の平等を説いたと伝えられている。そしてそれは、釈迦が考えたことではなく、神が考えたことであると説いたとされている。又、平等の原点は、健常者による弱者の支援が、基本であるとも考えられる。

是諸法空想　不垢不浄

　この般若心経の語句はまさしく、平等について説いているものと考えられる。不垢不浄は、相反する意味合いの語句を並列に列挙していることから、「２」という数の論理を活用しているものと考えている。

般若心経への旅（18）
数の論理～「2」～定量

　般若心経は、物事の原点として一定の数量があ
るということを説いている。普通の感覚から言え
ば、数には増減があると考えるところである。

　是諸法空想　不生不滅～不増不減
　　《解説》これは神が考えたことですが、生ま
　れるということもなければ、滅するというこ
　ともない。
　　これは神が考えたことですが、増えるとい
　うこともなければ、減るということもない。

　この表現のうち、「是諸法空想～不増不減」で
ある。これを解釈すると神が考えたことであるが、

増えることもなければ減ることもないと説いている。増えることもなければ減ることもないという意味は、一体どういうことなのか大きな疑問となる。これを既に数量は決まっており、その数量が基本になっていると考えれば納得のいくところである。

　般若心経で説いているとは考えていないが、自然界において、その現象の一つを知ることができる。

　　①空気中における酸素、窒素、炭酸ガスの割合
　　②地球上における水の量
　　③エネルギー保存の法則
　　④地球上の物質をエネルギー換算した時の量

　これ以外にもあるかもしれない。ただ、釈迦の時代にこのような科学的な実証をしていたのかについては、根拠はない。釈迦がこれらの自然現象を予知していたかどうかについては、その根拠を知る術はない。おおよそ 2500 年後の科学として、自然現象の科学的法則の発見を予測していたと考えるのは、あまりにも気の遠くなる話である。

　般若心経は人間について説いていることが前提であると考えれば、存在する人間の数が一定であるということになる。実際は違う、出生もあれば

死亡もあり、その数は増減する。

　現世、来世という世界が存在するかどうかは何とも言えないが、般若心経が輪廻転生を前提として説いていると考えれば、現世、来世を合わせた人間の数が一定であると考えるのは、意外と否定できないかもしれない。

　そしてそれは人間が考えたことではなく、神が考えたシステムであると考えると納得できる。さらに、「不生不滅」がその補完の関係にあると考えれば、論理は一貫することになる。

　ここで数の論理「2」としているのは、不増不減が反意語を対比させており、その意味合いを定量であると考えれば、納得できるからである。

般若心経への旅（19）
数の論理〜「２」〜永遠の輝き

　天国は、永遠に光り輝いている世界であると説いている。具体的に表現されているわけではないが、文字の意味を解釈することにより可能である。

　是故空中無色　〜　無無明　亦無無明尽
　《解説》天国は現世とは異なるが、明るくないということはなく、又、明るくないということがないという状況が、尽きることはない。別の表現をすれば、永遠に明るく光り輝いている。

　この２つの語句により、「天国は現世とは異なるが、永遠に光り輝いている」と解釈することが

可能である。なぜ2つの語句により表現している
のかについては、同義語を並列に並べることによ
り、その意味合いを強調したかったのではと考え
られる。

般若心経への旅（20）
数の論理～「２」～不老不死

　天国は「不老不死」の世界であると説いている。具体的に表現されているわけではないが、文字の意味を解釈することにより可能である。

　是故空中無色　～乃至無老死　亦無老死尽

「是故空中無色」と前置きしながら、「乃至無老死　亦無老死尽」としている。

　是故空中無色　～空中は色ではない
　　《解説》～天国は現世とは異なるが
　乃至無老死　～老いて死ぬことはない
　　《解説》～不老不死の世界である

乃至は、単なる接続詞であると考える

亦無老死尽　〜又、老死して尽き果てることは
ない
　《解説》〜永遠に不老不死の世界である

　この２つの語句により、「天国は現世とは異な
るが、永遠に不老不死の世界である」と解釈する
ことが可能である。なぜ２つの語句により表現し
ているのかについては、同義語を並列に並べるこ
とにより、その意味合いを強調したかったのでは
と考えられる。

般若心経への旅（21）
数の論理〜「２」〜所得思考がない

　般若心経では、天国では所得するという考え方がないと説いている。具体的に表現されているわけではないが、文字の意味を解釈することによりそのように解釈することが可能である。

　是故空中無色　〜無知亦無得　依無所得故

「是故空中無色」と前置きしながら、「無知亦無得　依無所得故」としている。

　是故空中無色　〜空中は色ではない
　　《解説》〜天国は現世とは異なるが
　無知亦無得　〜知がなく得もない

《解説》～知るということもなければ、得る
　　ということもない
　依無所得故　～所得がない故による
　　《解説》所得するという考え方がないからで
　　ある
　　天国は魂のみが存在する世界であると考えら
　　れる

　　この２つの語句により、天国は現世とは異なる
が、知ろうと思えばいつでも知ることが可能であ
り、又、所得しなくても全く困らない世界である
ことによる。これは、輪廻転生により魂のみが存
在する世界であると考えれば、理解が可能である。
なぜ２つの語句により表現しているのかについて
は、同義語を並列に並べることにより、その意味
合いを強調したかったのではと考えられる。

般若心経への旅（22）
数の論理〜「7」

　般若心経は、「7」という数の論理を多く活用している。具体的に「7」という数を表現しているわけではない。このことは大きく興味を惹くところであり、その内容を例示してみる。

①「般若」という字が7ある。
②「空」という字が7ある。
③「無」という字が21ある。7の3倍。
　21という数については、般若心経への旅（24）で取り上げる。
④本文の文字数が266ある。7の38倍。
　266という数については、般若心経への旅（25）で取り上げる。

⑤本文が７つの文章により構成されている。
（資料２、参照77ページ）

⑥悟りの内容により７種類の菩薩（悟りを開く
ために努力するもの）を登場させている。

観自在菩薩

舎利子

菩提薩埵

三世諸仏

阿耨多羅三藐三菩提

僧

菩提薩婆訶

⑦７通りの悟りの態様を例示している

　悟りの態様は、７つの文章により分類され
ていると考えているところである。その一つ
一つの文章の中においても、多くの方法を類
推できる。それらの内容を見ると手軽に取り
組めるものから、到底神業としか思えないよ
うなものまで例示しており、その幅の広さは
想像を絶するものがある。

　悟りの態様は、ここに例示する内容に限定
するものではなく、菩薩の数と同じぐらいそ
の方法があると考えるのが理解しやすい。

　なぜなら、これほど多くの悟りの態様が類
推できるのにもかかわらず、悟りを開くため

の方法は、「故説般若波羅蜜多呪〜」におい
て、ただ一つ、経文の読誦を説いているのみ
である。

　これはむしろ、数多くの悟りの態様を類推
できることから、悟りの態様は、菩薩の個々
人あるいはその置かれている立場によって、
違った方法と結果が導かれるのではないか、
と想像するところである。健常者であるのか
非健常者であるのか、天才であるのか凡人で
あるのか、超能力者であるのか普通の市民で
あるのか、あるいは、現世であるのか来世で
あるのかということにより、その方法と結果
は違ったものになると考えるのが、最も理解
しやすいところである。

　したがって、悟りを開くということは、特
別な人間にのみ与えられた能力ではなく、全
ての人間に公平に与えられた能力であると考
えるところである。そこで、天川弁才天社で
宮司の唱える祝詞により、私自身も悟りの境
地に至ることが可能であると考えるのは、あ
ながち間違った考え方ではない、と理解する
に至ったのである。

　これも天川弁才天社の宮司に直接指導を受
けたわけではなく、私の結論が正しいもので
あるとは考えていないが、修験者と宮司の唱

える般若心経の読誦を偶然に見聞きすること
により、『般若心経』への関心を大きくし、
このような結論に導かれたことに感謝すべき
であると考えている。

〈資料2〉

① 観自在菩薩　行深般若波羅蜜多時
　　照見五蘊皆空　度一切苦亦　舎利子
② 色不異空　空不異色　色即是空
　　空即是色　受想行識　亦復如是　舎利子
③ 是諸法空相　不生不滅　不垢不浄
　　不増不減
④ 是故空中無色　無受想行識
　　無眼耳鼻舌身意　無色声香味触法
　　無眼界　乃至無意識界　無無明
　　亦無無明尽　乃至無老死　亦無老死尽
　　無苦集滅道　無知亦無得　以無所得故
⑤ 菩提薩埵　依般若波羅蜜多故
　　心無罣礙　無罣礙故　無有恐怖
　　遠離一切顚倒夢想　究竟涅槃
⑥ 三世諸仏　依般若波羅蜜多故
　　得阿耨多羅三藐三菩提
　　故知般若波羅蜜多　是大神呪　是大明呪
　　是無上呪　是無等等呪　能除一切苦
　　真実不虚
⑦ 故説般若波羅蜜多呪　即説呪曰　羯諦
　　羯諦　波羅羯諦　波羅僧羯諦　菩提薩婆訶
　　般若心経

般若心経への旅（23）
数の論理〜「7」〜中道

　般若心経は、「7」という「数」に関連するいろいろな語句を用いており、文章の構成においてもその手法を活用している。その実情については前章で述べたところである。しかしながら、具体的に「7」にどのような意味を持たせようとしているのか、明確に推測できないところがある。一般的には、数の論理として考えられるのは、次のようなものがある。

　①一桁の素数で最大である
　②七曜
　③七夕
　④北斗七星

⑤七福神
⑥ラッキー7

　他にもあるかもしれないが、思い浮かぶものは
以上のようなものである。とは言いながら、『般
若心経』に活用しなければならない明確な理由を
推測することは困難である。しかし、釈迦の悟り
を開くための修行時代に、そのいきさつを求める
ことができるように思われる。釈迦には悟りを開
くための修行の旅から、説法の旅へと大きく転換
するに至った逸話がある。
　釈迦は、悟りを開くための旅の終わりごろ、沐
浴をするために山中の修行の場を離れ水辺に下り
ていった。水辺で乳しぼりをしていた里の娘から
乳の施しを受けた。その乳を飲んで、悟りを開く
ということの方向を転換させる大きなきっかけを
得たとされている。それまでの釈迦の修行は、や
っと自分の身体を支えるだけの、ほぼ絶食に近い
食べ物を摂りながら、自分自身を磨くことに専念
していたのではないだろうか。水辺に下り、里の
娘の施しを受けてその乳のおいしさと、内から沸
いてくるエネルギーを感じ取ったのではと思われ
る。極端な粗食も、あるいは極端な飽食も、釈迦
が自ら経験したこととは言いながら、人間の身体
を支えることにはならず、中ほど、いわゆる「中

道」が求めるところであると悟ったとされている。

　釈迦は、里の娘から乳の施しを受けて、「中道」という考え方に至った時に、山中の修行の場所に戻り、再度自身の修行そのものをじっくりと評価し直して、悟りの境地に大きな転機があったとされている。そしてそれは、七日七晩に及ぶ熟考に熟考を重ねた結果であったと伝えられている。このことにより、悟りを開くための修行の旅から、その悟りに基づく説法の旅へと大きく転換したとされている。

　釈迦の時代は、人生の大きな転機として、これでやるべきことはやり終えた、余生は出家して悟りの境地を開き、人生の集大成をするというのが、ステータスであったのでは。つまり、出家して悟りを開くための修行の旅へ出るのは、それほど特別な考え方ではないように思う。釈迦は「中道」と言う境地を得た時に、当時一般的であった悟りの境地を超越したように思われる。

　単に、健康のための「中道」であれば、人生の集大成を最高の悟りの境地であると考えている時代においては、あまり大きな要素であるとは考えられない。考えてみると、釈迦を動かした要因は他にあるように思われる。それは、釈迦が出家するに至った時点まで遡る必要があるように思う。

　出家した時の釈迦が置かれていた状況は、次期

国王の座に最も近い地位であったとされている。このような地位を放棄して、なぜ出家の道を選んだのか。非常に大きな疑問とするところである。釈迦は国をどのように治めるべきか、少なからず疑問を持っていたとも考えられる。

　釈迦は、里の娘から乳の施しを受けて、中ほど、そして「釈迦が説く中道」という考え方に至ったとされている。それは、七日七晩に及ぶ熟考に熟考を重ねた結果であったとされている。「釈迦が説く中道」という考え方は、国を治めることに応用できると釈迦は考えたのではないだろうか。国を治めるための中道とは何かということになるが、それは「民の声に耳を傾ける」ことである、と考えればしっくりくる。このように考えれば、中道という考え方に到達したことにより、悟りを開くための修行の旅を終え、説法の旅へと大きく転換したことは頷ける。

　又、釈迦は、「7という数」にかなりこだわりを持っていたのではとも思われる。釈迦は弟子として認める時に、弟子になりたい本人が、七日七晩山に籠って考え、それでも弟子になりたいという者に、弟子になることを許したという逸話がある。又それは、膨れ上がる精舎の膨張を抑えるためであったとも言われている。

　一方、般若心経を完成したとされる、7世紀ご

ろの中国においてはどうであろう。当時中国は権力者の支配体制が、国を治める最も重要な考え方であったとされている。このような時代に、国を治める方法として「釈迦が説く中道」という概念は、最も避けるべき思想であったとも考えられる。般若心経という経典を完成させるにあたって、せめてもの手段として「7」という「数の論理」をふんだんに活用することによって、「釈迦が説く中道」という概念を連想させるように仕向けたと考えるのは、私の思い過ごしであろうか。

　日本の歴史の中で「民の声に耳を傾ける」という考え方により、大きく動いたと考えられることが3回ある。

　最初は、武力のみによる統治に限界を認め、統一的な思想・哲学の必要性から、仏教を導入しようと考えた時。この時、仏教であったことに歴史のおもしろさがある。これを契機とする国分寺の建立は、仏教の伝播に大きく作用したことは事実であろう。もちろん、その後の平安遷都により、南都六宗と 政 は離れていった。一方、立場を失った私度僧（当時の一級の知識人）は、全国に散らばって、その思想・哲学を広め、ほぼ均一な社会の成立に寄与したのではないか、と考えるとこ

れ又おもしろい。現代の話ではあるが、明治維新以降における東京帝国大学は、日本全国に向けた学問・科学技術の配電盤であったという説もある。私度僧が及ぼした影響は、一面において、このような状況と、似たような効果があったとも考えられる。

　次は、荘園制の崩壊に伴い、稲作農耕に関連する自治組織（重要な調整事項は水利権）が、次第に力を蓄え、武士へと進化し（いわゆる公家に対する武家ではない）、さらに大名へと進化していった時。この時、一定の思想・哲学がなければ、武力集団である武士は、単純に夜盗集団にすぎなかったのかもしれない。

　　七重八重
　　　花は咲けども
　　　　山吹の
　　　みの一つだに
　　　　なきぞ悲しき

　この歌の「みの」は、「実の」と「蓑」の２つの意味を併せ持っているものとされている。
　太田道灌が鷹狩りに行って、突然降り出したドシャ降りに遭い、百姓家の軒先を借りて雨宿りを

していた時、百姓家の主から「一杯の白湯」に「山吹の一枝」を添えて差し出されたという逸話がある。この歌が、百姓家の主の行動の基となった歌とされている。このように、武蔵野の百姓家の主といえども、この歌の存在を知りうるほどに、日本の文化は進化していたと考えるところである。

　もちろん、地震、台風などの地理的要因による災害、その災害に対する共助の精神も忘れてはならない。

　さらに、全国各地に存在する「豊作」、「豊漁」等に関連する祭りは、地域社会の連携強化と、地域社会を構成するが故のストレス、そのストレスの解消策としても重要な手段となる。

　次は、明治政府により中央集権国家が確立し、西欧諸国の列強と対等に伍するため、立法・司法・行政の三権分立を基本とする憲法の制定へと動いた時。社会情勢によるものとは考えられるが、貴族制度の廃止（同時に家族制度の改革を含む）と、指揮権（軍隊を指揮する権限）の変遷については、おおよそ60年の歳月と、過去の歴史に類を見ないほど甚大な犠牲をはらうこととなった。

　飛躍した考え方であると批判を受けそうだが、紆余曲折があったにしても、日本の歴史から推測

してみると、「中道」という考え方から、次のような構図が浮かび上がってくる。

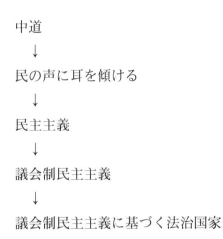

中道
　↓
民の声に耳を傾ける
　↓
民主主義
　↓
議会制民主主義
　↓
議会制民主主義に基づく法治国家

　話は少し変わるが、明治維新における一大変革が、革命ではなく維新によって成し遂げられていること。太平洋戦争後の法体系が大きく改革されたとは言いながら、その実、根本的な変革によるものではなく、一部改正の手法によって実施されていることから、日本人は「民主主義」という概念を、受け入れるだけの素養があった、とも考えているところである。

般若心経への旅（24）
数の論理〜「21」〜慰霊

　般若心経は、無という字を21回活用している。数の論理にどのように関係しているのか興味のあるところである。般若心経は輪廻転生を前提として論理を組み立てていると考えられる。現世から来世への転生は、死に伴って発生すると考えられる。肉体の死については、輪廻転生で述べたように、死とともに転生することは、特に問題はないものと思われる。

　釈迦は、魂の転生は少し違った形で転生するもの、と説かれている。通常魂は、肉体の死とともに転生すべきところであるが、例外があることを説かれたとされている。つまり、肉体の死を認識して魂も当然来世へ転生すべきところ、現世への

未練を残して、来世への転生を渋るものが出てく
るというのである。その原因は、現世でやり残し
たことがある、又は単純に死ぬのがいやだ、ある
いは怖いというところであろう。

　釈迦はこの未練を残す期間を 21 日であると説
いたと伝えられている。そこで現世に残された親
族等が、死者への慰霊を含めて、来世へ旅立つた
めの儀式の必要性を説いたとされている。21 日
に安全率を掛けて、49 日に行う法事を説いたと
言われている。この 49 日の法事は、死者に対す
る慰霊と、未練を残して現世に浮遊することがな
いように、ほぼ強制的に引導を渡すための儀式で
あるとされている。

般若心経への旅（25）
数の論理～「266」～経文

　般若心経は、標題の文字数が10字、本文の文字数が266字で、合計276字から構成されている。これを単純に文字数のみにより評価してみると、それぐらいのボリュームかということで終わってしまうが、これに数の論理を加えてみると違った結果が導き出される。経文として捉えるわけだが、ここに大きく２つの経文を導き出すことができる。

①276文字の全てを一つの経文として扱う。
②本文を７つの文章に分解し、各語句に意味を持たせる。

という２つの経文を導き出すことができる。こ

こでは、仮に前者を「経文」として扱い、後者を「経典」として扱うことにする。なぜ２つに分ける必要があるのかということになるが、前者は経文に意味を持たせることを意図するものではなく、一つの経文として、音律により人間の持つ潜在意識に働きかけることを目的とし、後者は経文に意味を持たせ、意味を持つ経典として、人間の持つ意識に働きかけることを目的にしている。このように考えると般若心経は、実に大きな存在として受け取ることができる。

　経文として扱う前者は、人間の持つ潜在意識に働きかけることを目的としているわけですが、一般的には潜在意識は存在するものと認識しているところである。ここで、潜在意識に働きかけるという方法は、多くの方法と効果を期待できるものである。

　このように考えると、般若心経の全文に意味を持たせることよりも、その音律が重要な要素であるということになる。言い換えると、漢文を理解できる、あるいは日本語を理解できるという能力よりも、発音するための言語力の存在が重要になってくる。極論を言えば、日本人であるのか中国人であるのかということには関係なく、他の言語を使う人達にもその効果は、期待できるのではないかということが推測できる。

通常、日本人が般若心経を読誦する場合の発音
は、おおむね（資料3、参照94～95ページ）
のとおりとされている。又、経文として扱う場合
は、他の言語を使う人も、同様の活用をしても、
問題はないものと考えている。

　経典として扱う後者は、その意味を理解し、人
間の持つ意識に働きかけることを、重要な要素と
して認識しているところである。したがって、後
者はより多くの意味と理解力を必要とするもので
あると考えている。

　又、話を少し変えた視点から、数の論理を当て
はめてみると、違った意味を導き出すことができ
る。それは経文の276文字を分解して推測する
のであるが、先ず本文の266文字を分解してみる。

　266→7の38倍→14の19倍

　このことから、1行14字の文字数を有する19
行の本文を導き出すことができる。これに標題と、
本文との間にある空欄を入れると次のようになる。

　標題：1行＝14文字
　　　　※標題の10文字と前後各2文字の空白
　空欄：1行＝14文字

本文：19 行 = 266 文字

――――――――――――――――――

合計　：21 行 = 294 文字

　本文の語句と語句の間に空白を入れることなく、ぎっしりと詰めて、文章の模型を想定してみてください。これをじっくりと眺めてみてください。実に素晴らしく、バランスの取れた文章（資料４、参照 96 ページ）として見ることができるのでは。これはなぜであろう。この疑問を解く鍵は中国人の有する、バランス感覚ではないかと想像するところである。

　この模型を想像してみてください、もちろん漢字という文字と空白を、ぎっしり詰めた 294 文字の模型（１行 14 文字で、21 行 294 文字）を想像してみてください。これに、数の論理を当てはめてみると、縦と横の関係は、黄金比そのものではないが、黄金比に近い関係にあるということである。中国人はこの関係を見出して、用紙の大きさを決めたと考えるのは見当違いであろうか。

　もちろん、般若心経の完成が先であるとは考えていない。現在使われている用紙の、Ａ判あるいはＢ判の、両者に言えるように思われる。

　ちなみに、紙は紀元前 2 世紀の終わりごろ、中国で発明されたと伝えられている。紙は、西暦

751年、ダラス河畔の戦い（唐の遠征軍とイスラム軍の大規模な戦い）に唐軍が敗れ、その捕虜の中に紙漉工がおり、その紙漉工の存在により、紙が西欧に伝わったとされている。

　黄金比は（資料5、参照97ページ）で示すところである。内容を見ると正四角形でその原理を説明できる。その値は「1：（1＋√5）／2」で表され、近似値は「1：1.618」となる。又、黄金比は、正五角形の中に見ることができる。正五角形に全ての対角線を引くと、それらの線分は互いに黄金比に分割する関係にある。

　黄金比で長さを分割することを黄金分割という。正五角形は、一辺に対する中心角を72度とする同心円に内接する五角形である。又は一辺の長さを内角108度で回転した図形である。さらに、黄金比を活用した正五角形も描ける。別の視点から捉えると、正五角形の図形は一筆書きの星を描く時に活用できる。

　飛躍するかもしれないが、黄金比を予定した正五角形の作図は、星の図形に活用されることから、宇宙に通じるものと考えられないだろうか。又、内角の108度は、「除夜の鐘」の108度の梵鐘の音に引用されたのではないか、と考えるところである。

　般若心経を完成するにあたって、中国人は最初

から、この項で説く経文と教典の2つの存在を意識して、完成したと考えるのは、私の思い過ごしであろうか。また、本文を266文字とし、標題を10文字としたことは、理解できるところである。さらに、使用する文字の中に、あまり必要性を認めがたい漢字を使用していることでも、それは頷ける。

ma ka hannya ha ra mitta singyou
摩訶般若波羅蜜多心経

kan ji- zai bo- sa- gyo sin hannya ha- ra- mi- ta- ji-
観自在菩薩行深般若波羅蜜多時

shoken go- un kai ku- do- i- sai ku- yakusya ri- si
照見五蘊皆空度一切苦亦舎利子

siki fu- i- ku- ku- fu- i- siki siki soku ze- ku- ku- soku
色不異空空不異色色即是空空即

ze- siki jyu so- gyo siki yakubu- nyo ze- sya ri- si ze-
是色受想行識亦復如是舎利子是

syoho- ku- so- fu- syo fu- metufu- ku- fu- jyo fu- zo-
諸法空想不生不滅不垢不浄不増

fu- gen ze- ko- ku- cyumu- siki mu- jyu so- gyo siki mu-
不滅是故空中無色無受想行識無

gan ji- bi- zetusin i- mu- siki sho ko- mi- syoku ho- mu-
眼耳鼻舌身意無色声香味触法無

gen kai nai si mu- i- siki kai mu- mu myoyaku mu- mu-
限界乃至無意識界無無明亦無無

myojin nai si mu- ro- si- yaku mu- ro- si- jin mu- ku-
明尽乃至無老死亦無老死尽無苦

syumetudo- mu-chi-yakumu-toku- i - mu-syotoku ko bo-
集滅道無知亦無得依無所得故菩

daisatuta- e - hannya ha-ra-mi-ta- ko sinmu-kei
提薩埵依般若波羅蜜多故心無罣

ge-mu-kei ge ko mu u - ku-fu- on ri- i - saiten
礙無罣礙故無有恐怖遠里一切顛

to-mu-so-ku-kyone-han san se- syobutu e - hannya
倒夢想究竟涅槃三世諸仏依般若

ha-ra-mi-ta- ko toku a -nokuta- ra- sanmyakusan bo
波羅蜜多故得阿耨多羅三藐三菩

de- ko chi-hannya ha-ra-mi-ta- ze- dai sin syuze-
提故知般若波羅蜜多是大神呪是

daimyosyuze-mu-jyosyuze-mu-to- to-syuno-jyo
大明呪是無上呪是無等等呪能除

i - sai ku sin jitu fu- ko ko-setuhannya ha-ra-mi-
一切苦真実不虚故説般若波羅蜜

ta-syusokusetu syuwatugya tei gya tei ha-ra-gya tei
多呪即説呪日羯諦羯諦波羅羯諦

ha ra so-gya tei bo- ji so wa ka hannya sin gyo
波羅僧羯諦菩提薩婆訶般若心経

摩訶般若波羅蜜多心経

観自在菩薩行深般若波羅蜜多時照見五蘊皆空度一切苦厄舎利子色不異空空不異色色即是空空即是色受想行識亦復如是舎利子是諸法空相不生不滅不垢不浄不増不減是故空中無色無受想行識無眼耳鼻舌身意無色声香味触法無眼界乃至無意識界無無明亦無無明尽乃至無老死亦無老死尽無苦集滅道無智亦無得以無所得故菩提薩埵依般若波羅蜜多故心無罣礙無罣礙故無有恐怖遠離一切顛倒夢想究竟涅槃三世諸仏依般若波羅蜜多故得阿耨多羅三藐三菩提故知般若波羅蜜多是大神呪是大明呪是無上呪是無等等呪能除一切苦真実不虚故説般若波羅蜜多呪即説呪曰羯諦羯諦波羅羯諦波羅僧羯諦菩提薩婆訶般若心経

〈資料５〉

黄金比（正四角形にみる作図）＝
1：（1＋√5）／2≒1：1.618≒5：8

～正四角形にみる黄金比～
AB：BD≒1：1.618～黄金比
CD：DE≒1：1.618～黄金比
HE：EF≒1：1.618～黄金比

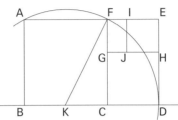

AB＝BC＝5cm の場合　　BD≒8.09cm
BK＝BC／2＝2.5cm

～正五角形にみる黄金比～
AB：AC≒1：1.618～黄金比
AF：FC≒1：1.618～黄金比
FG：GC≒1：1.618～黄金比

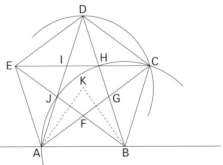

AB＝BC＝5cm の場合　　AC＝AD≒8.09cm
中心角 AKB＝72°　内角 ABC＝108°

般若心経への旅（26）
数の論理～「2」～神

　般若心経は、神について述べている語句が2箇所ある。その部分を次のように抽出してみる。

　是諸法空想　不生不滅　不垢不浄
不増不減
　　《解説》これらの諸々の法（取り決め）は、
　　神が考えたことですが、不生不滅 不垢不浄
　　不増不減である。
　三世諸仏～
　是大神呪　是大明呪　是無上呪
　是無等等呪　能除一切苦　真実不虚
　　《解説》最大の神であり、最高の輝きがあり、
　　これより上はなく、同等でこれに匹敵するも

のはない。全ての苦痛、苦悩を除去すること
ができる。これは本当のことです。
　別の表現をすれば、唯一無二の神であると
も考えられる。

　前者は、神が考えることを説いており、かつ、
その考えた結果による制度であり、人間がその基
本を操作しえないものであると考えられる。神が
考えることは、ここに表現していることに限定す
るものではなく、その一例であると考えられる。
そしてここでは、人間に関係のある事項に、限定
されていると考えるべきであろう。
　後者は、神がどのような位置にあり、どのよう
な存在であるのか、ということを説いているよう
に思われる。是大神呪、是大明呪、是無上呪及び
是無等等呪は、神が唯一無二の存在であることを
指している。つまり、これ以外の神は存在しない
ことを前提としている。言い換えれば、天地創造
の神であると考えると一番適切な表現であるかも
しれない。人間社会も、地球も、そして宇宙も神
の手の内にあると考えると理解しやすい。そこに、
「能除一切苦」という考え方がでてくる。もちろ
ん、人間の社会生活の営みに関する、人間である
が故での諸現象は当然のことであるが、自然現象
も含まれている、と考えるのが正しいように思わ

れる。

　したがって神は、人間を超越した存在であると考えるべきであろう。つまり人間は、神に類する存在になることは、不可能な考え方であると思われる。このことから、人間の形体をした神は、存在しないということになる。

般若心経への旅（27）
数の論理～「2」～性善説に基づく教育

　般若心経は、人間の性善説について述べている。語句として性善説を、表現しているわけではないが、それを推測できる文章がある。

　三世諸仏　依般若波羅蜜多故
　得阿耨多羅三藐三菩提
　　《解説》三世諸仏は悟りを開くことによって、
　　阿耨多羅三藐三菩提（最高の菩薩）になる。
　阿耨多羅三藐三菩提　故知般若波羅蜜多
　是大神呪　是大明呪　是無上呪
　是無等等呪
　　《解説》阿耨多羅三藐三菩提（最高の菩薩）
　　は悟りそのものを認識（納得）することによ

って、神になる。

　般若心経が説いている一般的な方法として、悟りを開くということは、人間の置かれている状況により、その方法と結果は違ったものになる。しかしここでは、菩薩の進化に段階があることを説いている。

　　三世諸仏→阿耨多羅三藐三菩提（最高の菩薩）→神

　この部分では、悟りを開いたことによる結果に導くための表現は、２つの方法があることを説いている。

　　三世諸仏　　　　　　　〜依
　　阿耨多羅三藐三菩提〜故知

　この２つの用法には、用語の違いは当然のことながら、その意味においても違いがある、と認識する必要がある。
　前者は、悟りを開くことによって、阿耨多羅三藐三菩提になる。これは神を予定する前段として、阿耨多羅三藐三菩提（最高の菩薩）になることを説いている。

後者は、阿耨多羅三藐三菩提（最高の菩薩）は「故知」（納得することによって）により、次の段階に進むと考えるのが自然である。納得することにより、次の段階に進むということは、もうこれで使命を果たした、であるからここで次の段階に進むことは、当然の行為であると認識して、次の段階に進んだということになる。

　次の段階とは何かということになるが、般若心経への旅（26）で述べるところの「神」である。では、人間は神になるのかということになるが、そういうことにはならない。神の懐に帰って行くだけである。その理由は、般若心経において唯一無二の神は説いているが、2つも3つも神が存在するなどとは説いていない。

　神の懐に帰るということは、何を意味するのであろう。人間の肉体は、おおよそ60兆個の細胞で成り立っている、ということは知られているところである。その細胞は人間の機能を補助することはありえても、単体で意思を持つ人間として機能することはない。

　これと同様に、神の懐に帰るということは、神の極細部になることであって、神としての意思を与えられるものではない。したがって般若心経は、人間の肉体を持つ神の存在を全く予定していない。唯一無二の神という前提に立てば、当然の結論で

ある。

　そこで、神の懐に帰ると説いているが、人間の始期はどうなるのかということになるが、神の懐に帰ることを前提として考えると、神によって使わされた使者である。その使者は何のための使者かと言うことになるが、この地球上に人間が生存するための、楽園を築くための使者であるとも言われている。

　般若心経が説くところによれば、阿耨多羅三藐三菩提（最高の菩薩）は、「故知」によって、「神の懐に帰る」ことになるのか、あるいは、「輪廻転生を繰り返す」のか、最終的に重大な決断を下すことになる。別の表現をすると、神を構成する要素の極細部として、意思を持たない存在になるのか、あるいは輪廻転生により、意思を持つ人間として存在し続けるのか、という選択をすることになる。そしてその選択は、本人の受想行識によってなされることになる。これらのことにより、人間の「性善説」が出てくると考えるところである。

　しかし実情は悪いやつが多い、殺人あり、窃盗あり、詐欺あり。ひどいのは神のお告げがあったとして、人の弱みに付け込んで、詐欺の正当性を吹聴する者もいる。何が性善説だという批判を受けるところであるが、一説によると人間は、出生

の時にその性善説に基づく諸々を、本人の潜在意識の中に格納して出生すると言われている。出生に当たっては、人間の肉体を維持するための、必要最小限の本能のみを持って出生すると言われている。

　人間はその育った環境により、大きく影響されるものであると言われている。ここに、性善説に基づく教育の必要性が出てくる。教育するものは、親であり、家族であり、集団であり、村落であり、都市であり、国家であるということになる。特に、国家の行う教育は重要な行為である。もちろん、性善説に基づく教育を受けるために、本人が努力することを求められる。

般若心経への旅（28）
数の論理～「1」～人間の尊厳

　般若心経は、標題に人間の尊厳について述べている。その内容は、本文の7つの文章により、分類しているものと考えている。

　摩訶般若派羅蜜多心経

　この標題の発音は、次のようになる。なお、釈迦の時代に使われていたとされる、サンスクリット語の発音も併記する。

　①マカ　ハンニャ　ハラ　ミッタ　シンギョウ
　②マハー　パニャー　パラ　ミター　チター
　　スートラ

この標題を細かく語句に分解して、その意味するところを推測したい。サンスクリット語の発音のマハー　パニャー　パラ　ミターに、摩訶般若派羅蜜多という字を当てたとされている。

　　①摩訶〜偉大な
　　②般若〜知恵
　　③派羅〜到達する
　　④蜜多〜宝庫
　　⑤心〜こころ
　　⑥経〜教え

　これに意味を加えてみると、「偉大な知恵の宝庫に到達するための心の教え」ということになると考えている。ここで、なぜ摩訶という語句が「偉大な」という意味になるかであるが、「摩訶」は中国の「数の桁」の最大の概念である、摩訶不思議が短縮されたものであるとされている。その意味は、偉大な、非常に大きな、遥か彼方、とても不思議な、という意味に用いられたとされている。では、知恵の宝庫はどこに存在するのかと言うことになるが、出生の時に潜在意識として格納された意識を指しているとされている。整理すると、「自分自身に内在する偉大な知恵の宝庫に到

達するための心の教え」ということになる。

　ここで、「自分自身に内在する偉大な知恵の宝庫に到達するための心の教え」は、具体的にどのように理解すれば良いのか、熟考を要するところである。その中味は、本文に説くところであるが、標題と本文の意味を考えてみると、『般若心経』が終始一貫説いているのは、ただ一つ、人間の尊厳についてではないかと思うところである。

般若心経への旅（29）
数の論理〜「４」〜いましめ

　般若心経は、人間の行動の指針を説いているように思われる。ここに説く内容を全ての人間が、等しく実現可能であるとは考えていない。人間それぞれの違いにより、差異はあるものと考えるところであるが、差異があるなりに実現可能であると思う。そこで、般若心経の中味が、全て釈迦が説いた内容であるとは考えていないが、標題と本文の内容から推測してみる。

　釈迦は終生、人間として考えるべきこと、人間としてあるべき姿、人間として行うべき行動について、説いたと考えると理解しやすい。このことから次のような、基本的な考え方を導き出せる、と推測したところである。

①人間の尊厳　　　　　～般若心経への旅（28）

②平等　　　　　　　　～般若心経への旅（17）

③性善説に基づく教育～　般若心経への旅（27）

④中道（民の声に耳を傾ける）

　　　　　　　　　　～般若心経への旅（23）

　釈迦は、自ら仏になることは自認したが、神に
なることは自認しなかったように思われる。つま
り、終生肉体を持つ人間として、人間の道を説き
続けたと考えるのが理解しやすい。したがって、
前述する４つの基本的な考え方が導き出せると考
えるところである。もしかしたら、般若心経から
導き出せる内容から、釈迦が説きたかった「四
諦」は、むしろこのことではなかったかと推測し
たりもする。
　そして、ここに掲げる「いましめ」の内容を説
明するために、「輪廻転生」、「天国」及び「神」
についての説明を、重要な論拠とする必要があっ
たと考えるところである。ここで、「輪廻転生」、
「天国」及び「神」と人間の関係について、再度
考えてみたいと思う。
　輪廻転生は、人間の進化の過程を説いている。
　天国は、輪廻転生の過程で、魂のみが存在する
世界であり、ここでは悟りを開いた結果の完成形

を説いている。これを現世に当てはめてみると、ほぼ不可能なことに思われる。従って現世において悟りを開くということは、天国で説くところの一項目の、更にその一部であったとしても、それはそれで許されるものであると考えるところである。

　神は崇高な概念であるとともに、般若心経への旅（27）で述べるところの、性善説を導くための論拠として説いている。

　般若心経が説く内容から考えてみると、人間はそれぞれに重要な使命を持って、現世に存在していると考えるところである。「与えられた仕事は天職」、職務の遂行には最大限の努力が求められる。人間は個人としては小さく、その果たすべき使命は小さいものであるかもしれないが、積み重ねによって、その結果は大きなものになる。そして１人よりは２人、２人よりは４人と、構成する社会が大きくなればなるほど、そのエネルギーは大きなものになる。

　般若心経は、600巻にも及ぶ『大般若経』の集大成であると言われている。当然のごとくその内容は、引用されたと思われる。『般若心経』の完成に当たっては、完成当時の中国人の考え方・願いも盛り込まれたと考えるのは、無理のない話で

あると考えている。

般若心経への旅（30）
道

　戦後の日本人は、「民主主義をアメリカに強制的に仕向けられた」と考える人もいるのではないか、と思うところである。これは、日本人が知らず知らずのうちに、仕組まれたと思うところである。著者もそうであった。

　般若心経をひもとき、その裏に隠されている「数の論理」を見出してからは、日本の歴史からみると、民主主義が、奈良時代、戦国時代、戦後という流れの中で、読み取れるのではないかと思うところである。

　日本の憲法制定のいきさつ、憲法改正の方法をみれば、その苦労の後が読み取れる気がする。今こそ筆者個人としても、「民主主義」を強く心に

刻み込む必要がある。

　この原稿は平成25年には脱稿し、書棚においていたものを取り出して、「般若心経への旅」として、出版をする運びとなったものです。それには、筆者の積年の希望を組みいれたものと、ご理解いただければ幸いです。

　ただ、筆者は平成29年の末に、脳梗塞を患った関係で読誦すらもできない状態であったため、余儀なく10日間ほど中断しました。その後幸いにして、少しは後遺症があるが、平成20年から今日まで、毎日「般若心経」の経文を読誦し続けている。

　筆者は「般若心経」の読誦に加え、「般若心経」の経典を少し読みながら、余生を過ごしている。筆者としては「般若心経」をこの上もなく重要なものとして理解しているが、この経典（筆者の独断的な解釈ですが）の解釈が少しでも、人様の役に立つことがあれば、この上もなく喜びとするところでございます。

般若心経への旅 (31)
おわりに

　峠越えにより般若心経と出会い、心酔して遂には「般若心経への旅」と題して、「旅日記」にまとめたものである。まとめるにあたっては、諸々の資料を参考にしてはいるものの、内容として、非常に飛躍した考え方が随所にある、と批判を受けそうですが、私自身の見方も含めながら、あえて文章にしてみました。

　ここで、般若心経の逐条解説をしたつもりはないが、「数の論理」という視点から、般若心経が説いていると考えられる大筋は、文章にできたものと認識している。

　般若心経は、読んでいくうちに、「数の論理」をふんだんに活用している、ということに思い当

たったのである。釈迦は、「7」という数の論理にこだわったように思われる。般若心経を完成した当時の中国人は、「2」という数の論理を多用することによって、般若心経に「いのち」を吹き込んだのではないかと考えるところである。文章の中で伝聞を多用している。釈迦の「言」によるものか、弟子の「言」によるものか、信者の「言」によるものか、歴史の流れによるものか、その真贋について実証することは困難である。

　又、数の論理の補足説明として、伝聞を多用させていただいたところであるが、ここで、伝聞の真贋を実証することは考えていない。そのことを是認しながら、般若心経を読むについての、参考としていただければ、非常な喜びとするところでございます。

　私の恥ずかしい経験であるが、20歳代の前半、研修の一環として奈良見学に行った。東大寺から法隆寺へと見学し、法隆寺の五重塔に近付いた時、数人の人達が五重塔の格子越しに、中を覗き込んでいるのである。それに釣られて私も覗き込むと、泣き叫ぶ多くの塑像を展示していたのである。私はこれを地獄絵であると思い込み、一目見てその場を離れた。その時はなぜこのような地獄絵を、必死に見ているのか理解できなかった。その後、近くの法隆寺カントリークラブで、ゴルフをする

ことはあったが、あの塑像を再度見ようという考えすら出てこなかった。あれから30年、般若心経と出会い、諸々の資料を調べていくうちに、あの塑像の意味するところは、全く違うものであると思い知らされたのである。あれは偉大な師、釈迦を失った弟子達とその信者達の、嘆き悲しむ姿であると理解できたのである。

　それにしても、あの天川弁才天において、修験者が大峯山に登るための安全祈願に、宮司が行う祈祷の中で、般若心経の読誦と、その状況を偶然に見聞きすることにより、般若心経へと導かれ、人生の終活を目の前にして、心の安らぎを得ることができたことに、心から感謝しているところである。

　この本を執筆するにあたっては、「梅原猛著：日本仏教をゆく」、「高橋信次著：原説・般若心経」、「司馬遼太郎著：街道をゆく」、その他インターネット上の資料などを参照させていただきました。ここに、深く御礼とお詫びを申し上げます。

　なお、この原稿は平成20年4月から約4年、22回に分けてブログで投稿したものであり、文章として完成させるために、必要と思われる項目を加えて、整理したものである。

峠　　二宝

著者プロフィール

峠　二宝（とうげ　じほう）

昭和19年、鹿児島県種子島生まれ。

般若心経への旅　—計算し尽くされた数の論理—

2021年4月15日　初版第1刷発行

著　者　　峠　二宝
発行者　　瓜谷　綱延
発行所　　株式会社文芸社
　　　　　〒160-0022　東京都新宿区新宿1−10−1
　　　　　　　　電話　03-5369-3060　（代表）
　　　　　　　　　　　03-5369-2299　（販売）

印刷所　　株式会社平河工業社

ISBN978-4-286-22530-2